ALBERT SOUBIES

SOIXANTE-NEUF ANS
A
L'OPÉRA-COMIQUE
EN DEUX PAGES

DE LA PREMIÈRE DE "LA DAME BLANCHE" A LA MILLIÈME DE "MIGNON"

1825-1894

PARIS
LIBRAIRIE FISCHBACHER
Société anonyme
33, RUE DE SEINE, 33

1894

SOIXANTE-NEUF ANS

A

L'OPÉRA-COMIQUE

TIRÉ A CINQ CENT CINQUANTE EXEMPLAIRES, DONT CINQUANTE SUR PAPIER DE HOLLANDE

ALBERT SOUBIES

SOIXANTE-NEUF ANS

A

L'OPÉRA-COMIQUE

EN DEUX PAGES

DE LA PREMIÈRE DE "LA DAME BLANCHE" A LA MILLIÈME DE "MIGNON"

1825-1894

PARIS
LIBRAIRIE FISCHBACHER
Société anonyme
33, RUE DE SEINE, 33

1894

PRÉFACE

Le public a fait, il y a quelques mois, un accueil sympathique à notre travail intitulé « 67 ans à l'Opéra en une page ». Un simple tableau synoptique, d'un genre assez nouveau, permettait, en effet, d'embrasser une importante période de l'histoire du théâtre, et, sans exiger du lecteur aucun effort, lui fournissait des données exactes sur « l'état civil » des pièces représentées, sur la carrière plus ou moins brillante qu'elles avaient parcourue, sur leur longévité ou leur mortalité. Ce tableau, à la rigueur, aurait pu se passer de tout commentaire ; celui que nous avions cru devoir y joindre était fort bref, car, pour emprunter le joli mot de Chamfort, « en fait d'inutilités, il ne faut que le nécessaire ».

Les encouragements que nous avons reçus alors nous ont décidé à tenter, pour l'Opéra-Comique, une entreprise similaire. Mais, ici, la tâche était beaucoup plus considérable et d'une nature bien plus ardue.

Plus considérable, disons-nous. Effectivement, durant un espace de temps à peu près égal à celui qui se trouvait circonscrit dans notre tableau consacré à l'*Académie nationale de musique*, l'*Opéra-Comique*, ouvert tous les jours et jouant fréquemment des œuvres de dimensions restreintes, a représenté un nombre infiniment plus grand d'ouvrages. Aux pièces en un acte, même, nous avons dû, en raison de leur quantité, assigner, dans notre récapitulation en forme de table, un caractère typographique spécial.

Une autre cause rendait notre besogne actuelle plus complexe. En parlant de l'Opéra, nous nous étions contenté de désigner les œuvres jouées pour la première fois *depuis 1826*, date initiale adoptée par nous ; le répertoire antérieur, nous l'avions laissé de côté pour un motif aisément intelligible : c'est que l'apparition triomphante à l'Opéra du Rossinisme et du Romantisme supprima, ou peu s'en faut, ce répertoire ancien. Le succès retentissant du Siège de Corinthe, de la Muette, de Guillaume Tell, de Robert eut pour résultat d'abolir en quelque sorte presque tout ce qui avait précédé, tant fut puissante et victorieuse la poussée de ces vastes compositions douées alors de toute la force expansive de la jeunesse.

Au premier choc, disparurent pour toujours les ouvrages d'un caractère mixte et d'un genre atténué, sans excepter même, en cet ordre, les productions de véritables maîtres, Grétry, Méhul, Kreutzer, Nicolo, Berton, auxquels on peut ajouter Rousseau dont le Devin du Village avait surnagé jusqu'alors. Les œuvres de ces artistes devaient nécessairement pâlir et paraître mièvres quand on les voyait alterner avec les grandes pages, richement colorées, de Guillaume et de Robert. Bientôt ce fut le tour des opéras mêmes qui, appartenant à la tradition ancienne, avaient réalisé avec le plus d'éclat une esthétique jugée désormais insuffisante : Sacchini, Gluck, Spontini, furent atteints de la façon la plus sensible.

En 1829, l'affiche présente encore les titres, toujours glorieux, d'Iphigénie et d'Œdipe, de la Vestale et de Fernand Cortez. Bientôt Cortez demeure à peu près seul. Après la Juive, après les Huguenots, objet d'une vogue incomparable, c'est seulement de loin en loin, et généralement avec un succès douteux, qu'on reprendra, pour quelques soirées, Alceste ou la Vestale. Don Juan, par un privilège unique, s'est maintenu sur l'affiche jusqu'en ces dernières années ; encore le chef-d'œuvre de Mozart ne fut-il donné pour la première fois, sous sa forme actuelle, qu'en 1834. Quant à Armide, en dépit des projets de reprise dont on parle depuis trente-cinq ans, l'admiration pour ce rare chef-d'œuvre est demeurée purement platonique.

A l'Opéra-Comique il ne se produisit rien de tel. Sans doute, les vieux ouvrages eurent plus ou moins à souffrir du voisinage des œuvres de Boïeldieu (dans sa dernière manière), d'Auber, d'Hérold, d'Halévy, d'Adam. Mais l'ancien répertoire, un moment compromis, ne fut pas du moins voué à la mort. Pendant une douzaine d'années, au moment de la plus forte effervescence du goût nouveau, le public parut s'être désaffectionné de ces pièces si longtemps aimées ; dès 1840, la faveur leur fut rendue après que, par suite de ce repos, une sélection se fut opérée parmi elles, au profit des meilleures et des plus caractéristiques. On sait quel succès obtinrent alors Richard et le Déserteur, succès qui, surtout à l'égard du premier de ces ouvrages, ne s'est jamais démenti depuis.

VIII

Si l'on cherche pourquoi, sur nos deux grands théâtres musicaux, les destinées du répertoire furent si notablement diverses, on en trouvera vite les raisons. A l'Opéra, il y avait eu renouvellement presque total du genre, porté alors, avec une sorte d'outrance, vers la tension sentimentale en même temps que vers la splendeur pittoresque et décorative. Entre les Indes galantes et les Huguenots, il y a des abîmes ; tandis que de la Servante Maîtresse à Phryné, de Richard à Mignon ou même à Lakmé, à travers les variations du goût, dans la diversité de l'effort et du procédé, on peut constater l'existence d'une tradition où rien ne vient interrompre définitivement la série continue, la suite sans doute croissante et graduée, mais au fond logique, et, à certains égards, identique, des manifestations de l'art. Ici le type primitif est distinct et reconnaissable : le genre qui oscille entre les deux extrêmes, le drame pathétique et la bouffonnerie, a été, une fois pour toutes, déterminé dans ses lignes principales. Lorsque, dans ce genre, les modifications se produisent, c'est par voie de réforme, et non de révolution. Souvent, c'est dans l'œuvre d'un même homme, que disons-nous ? c'est dans une même œuvre que le progrès ou, pour parler plus prudemment, le changement, s'est effectué. Par exemple, Boïeldieu, dans sa Dame blanche, n'est-il pas à la fois l'homme d'hier et l'homme de demain, et, à la manière de Janus, n'a-t-il pas deux visages, dirigés, l'un vers le passé, l'autre dans le sens de l'avenir ?

Il convient d'ailleurs de ne pas oublier que, dès une époque fort ancienne, on a monté accidentellement à l'Opéra-Comique, sous des dénominations variées, des œuvres s'écartant plus ou moins du type généralement admis à ce théâtre, et qui, confinant au grand opéra, constituent ce qu'on appelle aujourd'hui des opéras de demi-caractère. On pourrait, en ce sens, établir une curieuse liste où l'on ferait figurer Guillaume Tell, de Grétry, Joseph, de Méhul, Masaniello, de Carafa, peut-être Zampa et le Pardon de Ploërmel, puis Carmen, Manon, le Roi d'Ys, et, tout récemment, l'Attaque du Moulin.

En étudiant le répertoire de l'Opéra, nous étions parti du Siège de Corinthe. Nous avons, pour l'Opéra-Comique, choisi, comme date inaugurale, la Dame blanche, où les influences nouvelles, en particulier celle de Rossini, sont apparentes. Seulement, nous le répétons, le répertoire antérieur n'ayant pas été, ici comme à l'Opéra, condamné, avec ou sans sursis, nous devions lui ménager, sur notre liste, le rang qu'il avait effectivement conservé au théâtre. Il y avait là encore une cause d'accroissement pour le nombre des œuvres appelées à figurer sur notre tableau, que nous avons dû, par suite, étendre sur deux feuilles, avec la circonstance aggravante d'un format exceptionnel.

Les difficultés d'exécution, pour nos recherches, étaient multiples et délicates. Les ouvrages spéciaux, relatifs à l'Opéra-Comique, sont, d'une part, incomplets et, de l'autre, remplis de fâcheuses erreurs. L'Almanach des Spectacles (l'ancien, bien entendu) se trouve constamment en désaccord avec les données fournies par le document le plus authentique et le plus autorisé : les livres de la Société des auteurs. Quant aux journaux, ils omettaient généralement, autrefois, les pièces de proportions réduites ; tout au plus leur ménageait-on, avec parcimonie, une petite place dans les annonces quotidiennes des théâtres. Nous avons fait de notre mieux pour résoudre les menus problèmes qui nous étaient parfois posés par les oublis ou les inadvertances de prédécesseurs négligents. Notre nomenclature, nous pouvons l'affirmer, est de beaucoup la plus complète et la plus exacte qui ait jamais été dressée sur ces matières. Si quelques légères erreurs de détail ont pu se glisser dans notre relevé, elles ne sauraient, en aucune façon, modifier les conséquences que l'on en peut déduire.

DE LA PREMIÈRE
DE
LA DAME BLANCHE
A LA MILLIÈME
DE
MIGNON

I

Nous voudrions, dans ces quelques pages destinées à accompagner notre tableau en deux parties, nous borner à un rôle analogue à celui de ces *ciceroni* qui, guidant les visiteurs dans un musée, leur en expliquent la distribution, et leur nomment les principales œuvres consacrées par l'admiration commune. Notre dessein, on le voit, est fort modeste et nous ne prétendons point approfondir ici les questions obscures et controversées.

C'est ainsi que nous ne dirons rien des origines; ce sujet, d'un intérêt au reste si vif, nous l'avons traité ailleurs. Nous ne nous attarderons pas non plus à examiner quelle influence la musique italienne a pu exercer sur les destinées de l'opéra-comique. A une époque encore voisine de la nôtre, c'est-à-dire vers le premier quart de ce siècle, cette influence, par l'intermédiaire de Rossini, s'est incontestablement produite ; les avis ne peuvent guère être partagés que sur un point : celui de savoir si elle eut alors des effets regrettables ou salutaires. Mais, dès la plus haute époque, il semble, quoi qu'on en ait dit, que la puissance de l'art italien se fit, de même, directement sentir sur notre comédie musicale. Pergolèse, en particulier, apparaissait à tous comme ayant donné un modèle difficile à surpasser dans ce genre mixte, où la gaîté et le sentiment se marient de manière à former un gracieux et piquant mélange. Cela est si vrai que, lorsque Grétry écrivit son *Tableau parlant*, ses admirateurs, désireux de le flatter, le surnommèrent « le Pergolèse français ».

Quoi qu'il en soit, et même si l'on admet que plusieurs des éléments dont se compose l'opéra-comique furent d'abord, en France, empruntés à l'étranger, n'est-il pas manifeste que ces éléments, retravaillés avec art, reçurent, presque immédiatement, l'empreinte nationale ? Dès qu'il eut été transporté en notre pays, en cette terre de la sobre jovialité, du pathétique contenu, du goût exercé, ce spectacle reçut certains caractères désormais indélébiles. On peut plaisanter tant que l'on voudra : l'expression de « genre éminemment français », dont on s'amusait déjà il y a quelque cinquante ans, n'en reste pas moins, pour désigner cette espèce d'ouvrages mesurés et discrets, la plus sensée et la plus juste de toutes.

⋆⋆⋆

On qualifie assez habituellement Dauvergne, pour ses *Troqueurs*, de créateur de l'opéra-comique français. Mais c'est à une époque antérieure qu'avait eu lieu, à Paris, la représentation de la *Serva padrona* qui, née en Italie, mais devenue française par l'adoption du public et jouée alors, avec la traduction de Baurans, sous le titre de *la Servante maîtresse*, devait avoir, pour le développement du genre destiné à devenir « genre national », une importance si décisive. Ce titre qui, chronologiquement, figure le premier sur notre liste, nous le retrouverons, tant l'ouvrage est vivace, à une date tout à fait récente, en 1889. Cette production légère et charmante n'eut point alors un grand succès; mais la faute en fut uniquement aux interprètes. En revanche, moins de trente ans auparavant, en 1862, l'œuvre alors admirablement rendue, grâce au jeu si souple et si adroit, au talent vocal si sûr de Mme Galli-Marié, obtint une éclatante réussite et l'on put voir qu'elle avait conservé, après tant d'années, la sève et l'éclat de la jeunesse.

Sur notre liste, tout de suite après le nom de Pergolèse, on rencontrera ceux de Duni et de Monsigny. Chez Duni, l'origine italienne se laisse apercevoir; elle est cependant moins sensible que chez Pergolèse. Telle page de son ouvrage *les deux Chasseurs et la Laitière* a presque en tout l'allure gauloise. A Duni s'applique, en une certaine mesure, le *Non omnis moriar* du poète latin, puisqu'il a encore été joué à une époque peu éloignée, en 1868.

Bien peu de gens aujourd'hui, sans nul doute, ont lu la *Polymnie* de Marmontel, poëme didactique en quatre chants. On y trouve l'ébauche d'une comparaison entre Duni et Monsigny.

> Duni faisait un chant pur et facile ;
> . . . . L'élégant Monsigny
> Plus gracieux, plus Français que Duni,
> Voit tous les jours la Muse lui sourire.

C'est bien à peu près cela, en effet, et l'on ne peut que souscrire à cet éloge justifié de Monsigny, véritable maître de la « grâce ». L'auteur de *Rose et Colas* mérite un rang parmi les artistes les plus authentiquement français ; son *Déserteur*, en particulier, est un type à peu près accompli de ce genre tempéré où l'émotion se mêle à la plaisanterie, où l'esprit et la sensibilité ont tour à tour leur part. La sève mélodique, ici, est abondante, et l'adresse technique, bien que confinée dans des limites assez étroites, n'en est pas moins réelle, comme le prouve, par exemple, le double chant du second acte. En somme, *le Déserteur* est le spécimen achevé d'un certain art, non sans doute fort puissant, mais très agréable et très fin, et malgré les puérilités qui déparent un peu le livret, d'ailleurs si véritablement scénique, de Sedaine, l'ouvrage, même de nos jours, s'il avait une interprétation digne de lui, pourrait réussir encore, presque au même titre que *Richard*.

Richard, voilà le véritable joyau de notre vieux répertoire. C'est par lui que vit encore, et non seulement pour une élite, mais même pour la généralité des spectateurs, ce musicien intelligent et réfléchi, peintre ingénieux de la nature humaine, qui eut, à l'égard du dessin, sinon de la couleur, la finesse, l'autorité, la solidité des vrais classiques. Peu à peu la plus grande partie du répertoire de Grétry a quitté le théâtre pour la bibliothèque; si *les Deux Avares* ont été récemment remis à la scène, on a cessé de jouer *Sylvain, Zémire et Azor, la Fausse Magie, les Méprises par ressemblance;* c'est à peine si quelque recueil présente encore à l'estime des connaisseurs telle ou telle page, tendre ou spirituelle, de *la Rosière de Salency* ou de *l'Amant jaloux*. L'opéra de *Guillaume Tell* recueillait encore des applaudissements en 1828; mais il succomba devant la prodigieuse fortune du *Guillaume Tell* de Rossini, dont le temps a pu depuis amortir partiellement l'éclat, mais qui alors éclipsait tout par la fraîcheur et l'énergie de sa coloration. *Richard*, lui, n'a pas eu à subir une aussi périlleuse épreuve; il a subsisté comme l'échantillon parfait d'un style étudié, médité en toutes ses parties, curieux à sa manière, et portant le cachet de l'expérience, de la réflexion et de la maturité. L'artiste ne dispose que d'un nombre limité de moyens, mais il en fait un usage industrieux; il varie ses tableaux, il se préoccupe des caractères et de l'expression juste. Mélodiste heureux, il supplée par l'abondance et la flexibilité de l'invention à tout ce qui peut lui manquer à l'égard du calcul compliqué et de la doctrine approfondie, et, par des procédés très simples, il atteint parfois à la grandeur.

Les contemporains ont reproché à Grétry de prêter parfois à ses personnages un excès de finesse; il répondait plaisamment dans ses *Mémoires* (où, pour le dire en passant, il ne se montre pas précisément digne de ce prénom de « Modeste » qui était le sien) : « Il faut toujours supposer de l'esprit aux gens que l'on met en scène, à moins qu'on ne peigne les imbéciles. » Mais cette légère tendance à la préciosité ne se manifeste point dans *Richard;* l'absence de recherche et d'emphase, la liberté d'allure et la sûreté de goût révélées par tout l'ouvrage ont assurément contribué à le faire survivre à la mode, à le maintenir au rang des œuvres qui durent, et qui peuvent toujours plaire à un grand auditoire.

Pendant une période d'environ vingt-cinq années, comprenant l'époque antérieure et immédiatement postérieure à la Révolution française, le nom de Grétry efface tous les autres. Évidemment le voisinage de Mozart eût été dangereux pour lui; mais, comme on le sait, c'est à une date relativement récente que le maître de Salzbourg s'est introduit à l'Opéra-Comique, avec ces deux chefs-d'œuvre de caractère si différent, *les Noces* et *la Flûte enchantée.* Ne parlons point non plus de Gossec, musicien d'un rare mérite, ni du savant Philidor, dont l'esprit de combinaison ne se manifesta pas moins dans la composition que dans la pratique du jeu d'échecs. Si nous les omettons l'un et l'autre, c'est que, par suite d'un oubli total, et d'ailleurs insuffisamment justifié, ils ne figurent point parmi les auteurs joués de 1825 à 1894, et, par conséquent, n'ont pas de place sur notre tableau. Mais on doit signaler, durant l'intervalle de vingt-cinq ans que nous venons de déterminer, beaucoup d'autres noms célèbres à leur heure, quoique d'une manière inégale.

On sait, par exemple, quel fut, de son vivant, le succès de Paisiello ; il est vrai que, particularité assez curieuse, son *Barbier de Séville* ne fut exécuté à l'Opéra-Comique, pour *la première fois*, qu'en 1889. En revanche, un autre ouvrage de Paisiello, *le Duel comique*, écrit en collaboration avec Méreaux, s'est maintenu longtemps au répertoire. L'affiche a de même, pendant bien des années, reproduit le nom de Champein et de sa fameuse *Mélomanie*, ainsi que de son spirituel opéra-comique des *Dettes* ; Dezède a subsisté avec *Blaise et Babet*, Kreutzer avec son *Paul et Virginie* et son *Homme sans façon*. Quant aux *Visitandines* de Devienne, on n'osa point, sous la Restauration, leur garder leur titre ; il paraissait sans doute inconvenant qu'une annonce de spectacle présentât le nom familier des Filles de la Visitation ; *les Visitandines* devinrent alors *le Pensionnat de jeunes demoiselles* ; cela ne nuisit pas au succès. Une des conséquences inattendues de la Révolution de Juillet fut de restituer à ce badinage son appellation primitive ; mais le temps avait marché, et l'ouvrage, en reprenant son ancien nom, ne retrouva point son ancienne vogue.

Le souvenir de Della-Maria est surtout attaché à la romance « Il faut des époux assortis » tirée de la pièce *le Prisonnier ou la ressemblance* ; mais une autre œuvre de lui, son aimable lever de rideau intitulé *l'Opéra-Comique*, était encore représentée en 1839.

Une place plus importante doit être réservée à Dalayrac. Durant trente années, il occupa avec succès la scène, mettant au service de son talent réel une rare aptitude à profiter des circonstances et à s'y plier. Longtemps après sa mort, sa trace était encore marquée, car *Adolphe et Clara*, son œuvre la plus résistante, n'a quitté l'affiche qu'en 1853. Nous ne rappelons que pour mémoire l'unique représentation donnée, en 1889, de *Raoul de Créqui* et de *la Soirée orageuse*. Les contemporains de Dalayrac l'ont sans doute mis à un rang trop élevé. Pixérécourt dépassait la mesure en déclarant « qu'il vivrait tant qu'il existerait une âme sensible aux accents de la nature ». Le temps, hélas! est venu à bout d'œuvres plus fortes et plus distinguées que les siennes. Néanmoins il faut leur reconnaître deux qualités toujours prisées chez nous, l'esprit et l'émotion discrète. Travaillant sur d'ingénieux livrets (les paroliers à la mode étaient alors les Marsollier, les Monvel, les Dupaty, les Bouilly, les Etienne, les Hoffman), il fut, en son temps, une sorte d'Adolphe Adam, recommandable par la justesse du sentiment scénique, par l'émotion modérée, par l'agréable enjouement; peut-être, toutefois, avait-il le souffle plus court et la main moins sûre que l'auteur de *Giselle*, lequel, dans ses bonnes pages, communique à sa manière quelque chose de plus intense et de plus ardent.

Pendant que, durant la Révolution, le public, nonobstant les bouleversements politiques, applaudissait les œuvres légères de Dalayrac, l'ancien Opéra-Comique, celui de la salle Favart, celui que l'on appelait alors les Italiens, trouvait un concurrent redoutable dans le Théâtre-Feydeau. Parfois, un même sujet traité par des librettistes et des musiciens différents, était représenté sur les deux théâtres rivaux. A la *Lodoïska* de Cherubini, par exemple, s'opposait la *Lodoïska* de Kreutzer ; au *Roméo et Juliette* de Dalayrac, le *Roméo et Juliette* de Steibelt. Cette émulation fut d'ailleurs féconde en résultats pour l'art ; elle favorisa la mise en lumière de talents d'un ordre élevé, comme ceux de Cherubini, de Méhul et de Lesueur.

De ces trois compositeurs, Lesueur est le seul dont le nom ne devait plus figurer sur l'affiche de l'Opéra-Comique à partir de 1825. Au surplus, l'Opéra-Comique n'était pas le véritable domaine de ce maître singulier, à l'esprit inquiet et chercheur, de cet artiste, à l'idéal grandiose, en qui l'on a vu, non sans raison, le précurseur de Berlioz. Ses succès les plus décisifs, il devait les obtenir à l'Opéra, ou dans le genre religieux, avec des œuvres à l'accent étrange et saisissant comme la *Messe de Noël*. Quant à Méhul, on sait quelle place il occupe dans l'histoire de la musique française. Mais si Wagner a eu raison de vanter « le magnifique opéra de *Joseph* », il ne faut pas oublier que le talent de l'auteur de *l'Irato* et d'*une Folie* avait deux faces, et que s'il eut, à l'occasion, l'inspiration héroïque, il sut aussi prouver qu'il possédait, en musique, la *vis comica*. De même, Cherubini, non content d'être le musicien tout ensemble sévère et brillant applaudi à l'Opéra, le scolastique impeccable, habile aux développements nourris et chaleureux de la *Messe du Sacre*, obtint, avec ses *Deux Journées*, une place durable à l'Opéra-Comique. Ce même ouvrage, sous

— 10 —

un titre différent *(le Porteur d'eau)*, est resté classique en Allemagne, et y est encore fréquemment remis à la scène.

On pourrait, auprès des trois noms précédents, insérer celui de Berton. Adversaire déterminé de Rossini qu'il appelait assez plaisamment « M. *Crescendo* », imbu, à plus d'un égard, des règles anciennes, l'auteur de *Montano et Stéphanie*, d'*Aline* et du *Délire*, appartenait, en réalité, au groupe des compositeurs dont la musique tendait à élargir un genre devenu quelque peu vieillot. A ce même groupe il conviendrait peut-être de rattacher Catel ; on reprochait, en son temps, à son *Auberge de Bagnères* d'être trop savante, ou, comme on dirait aujourd'hui, trop « musicale » ; heureux défaut, d'ailleurs, défaut toujours rare, et qui n'empêcha point l'ouvrage de fournir une carrière assez longue.

A la même époque se produisaient un certain nombre de compositeurs d'une moindre ampleur, et qui, en bénéficiant de quelques acquisitions techniques, se bornaient à être les héritiers de l'art de Monsigny et de Grétry. Citons, parmi ceux-là, Gaveaux ; une œuvre de lui, *le Bouffe et le Tailleur*, est encore au répertoire des théâtres de province ; son *Monsieur Deschalumeaux* contenait, pour ainsi dire, en germe, toute une série de pièces dont *le Voyage en Chine* devait, quelque soixante ans plus tard, clore, ou peut s'en faut, la série ; œuvres dénuées de prétention, mais non dépourvues de mérite, qui, en rappelant l'antique vaudeville, préparèrent la moderne opérette. Auprès de Gaveaux plaçons Solié pour son *Diable à quatre*, et Catrufo pour sa *Félicie*, dont il surnage encore un duo, assez fréquemment chanté dans les salons.

Mais, vers ce temps-là, les deux maîtres incontestés de la scène de l'Opéra-Comique, et que l'on considérait alors comme des rivaux, étaient Nicolo et Boïeldieu. Ce dernier devait plus tard, en transformant sa manière, éclipser son émule. Toutefois la comparaison, au moment où elle s'établissait entre eux, n'avait rien de surprenant. Il y avait bien, à l'époque de l'Empire, une sorte d'équilibre entre les productions de Boïeldieu et celles de Nicolo. A l'égard de ce dernier, le dédain serait d'ailleurs fort injuste. Les sérieuses études de Nicolo, en Italie et à Malte, avaient assoupli sa plume. C'était en outre un esprit avisé, un homme judicieux et instruit, qui, chose alors peu commune parmi les compositeurs, s'était formé une riche bibliothèque musicale, où il avait réuni un certain nombre de raretés.

Joconde demeure un charmant ouvrage, qui supporte fort bien la lecture, et qui s'accommoderait encore de la représentation au théâtre où il a pris naissance. L'air « J'ai longtemps parcouru le monde » a eu la fortune, toujours enviable, de devenir populaire; mais cet air si fameux n'est pas le meilleur morceau de la pièce et nous lui préférons mainte autre page où se manifeste une invention mélodique, d'un tour très personnel, servie par une connaissance approfondie du métier. N'oublions point, à côté de *Joconde*, *Cendrillon*, où la note sentimentale est plus accusée, *Jeannot et Colin* et *les Rendez-vous bourgeois*, cette excellente bouffonnerie qui s'est maintenue au répertoire.

Quant au Boïeldieu de la première manière, c'était déjà, en son ordre, un maître accompli, adroit et fin, doué d'esprit et capable d'émotion, mais, par ses œuvres d'alors, *le Calife de Bagdad* et *Jean de Paris*, *le Nouveau Seigneur du village* et *le Petit Chaperon rouge*, ne se montrant le plus souvent qu'un ingénieux peintre de genre. Avec *la Dame blanche*, à laquelle étaient réservées des destinées si extraordinaires, son talent acquit une largeur et une importance que les antécédents ne faisaient point prévoir; par cet ouvrage qui résume la tradition ancienne, en l'enrichissant d'éléments nouveaux, il apparaît, selon l'expression très juste de M. Camille Bellaigue, comme « le dernier des anciens et le premier des modernes ».

Sans doute, nous avons quelque peine à nous replacer dans la situation d'esprit des contemporains, et à sentir tout ce que l'œuvre put contenir de surprise quand elle fut donnée le 10 décembre 1825. Pour la musique, pour le poème, elle semblait véritablement appartenir à un ordre nouveau. D'un côté, par l'intermédiaire de Boïeldieu, la musique française de genre venait de recueillir l'affluent puissant du

Rossinisme. D'autre part, le musicien avait, en la personne de Scribe, rencontré l'homme prédestiné qui, par sa collaboration avec presque tous les compositeurs brillants de son époque, allait exercer sur la scène musicale française une influence immense, et, pendant bien longtemps, sans rivale.

Nous avons eu, au cours du travail analogue à celui-ci, que nous avons consacré à l'Opéra, l'occasion de dire combien fut étourdissante, dans le genre héroïque, la réussite de Rossini. Mais l'auteur de *Guillaume Tell* est aussi l'auteur du *Barbier*. Tout l'instinct comique de l'Italie, toute la bouffonnerie de la *Commedia dell' Arte* revivaient en cet homme extraordinaire qui accaparait l'attention d'une façon presque exclusive. Tandis que les œuvres de Beethoven demeuraient encore à peu près ignorées à Paris, et, en tout cas, n'étaient, de la part des musiciens, l'objet d'aucune étude profitable, nous savons que Boïeldieu, aussitôt qu'arrivait d'Italie quelque production nouvelle du maître de Pesaro, rassemblait ses élèves pour déguster l'œuvre avec eux, y chercher un modèle et un enseignement.

Dans *la Dame blanche*, sans abdiquer sa personnalité, sans renoncer à ses acquisitions antérieures, sans rejeter la succession des fins et gracieux musiciens dont, jusqu'alors, il s'était inspiré, il sut s'approprier habilement tout ce qui, dans la manière du compositeur italien, était imitable. Le genre orné, la chaleur et le coloris, les procédés de gradation et de développement dans les ensembles, il s'assimila tout cela; il eut l'art, en même temps, de « franciser » ces éléments, et, en traitant plus sobrement ce genre, en le soumettant aux exigences d'un goût plus sévère, de l'adapter définitivement aux convenances de notre public.

Ajoutons qu'en écrivant le livret de *la Dame blanche*, Scribe avait eu tout particulièrement la main heureuse et avait donné un des meilleurs spécimens de sa facture ; là éclatait son aptitude à traiter l'élément romanesque, à unir dans des proportions bien dosées la gaieté à la sentimentalité. Son emprunt fait à Walter Scott était en outre des plus heureux, car alors celui qu'on appelait parfois « l'Homère écossais » était le maître des imaginations. Le fécond narrateur, trop dédaigné aujourd'hui, était entouré d'une admiration universelle, à laquelle se mêlaient la reconnaissance et le respect, et Lamartine était l'interprète du sentiment public, lorsque, s'adressant à lui, en vers émus, il s'écriait :

<blockquote>Vénérable vieillard, poursuis ton long voyage !</blockquote>

Pour toutes sortes de raisons, on ne doit donc pas s'étonner si *la Dame blanche* (qui, au reste, n'a cessé que pendant deux années de figurer sur l'affiche de l'Opéra-Comique), a pris, dans l'histoire de l'art, le caractère et la valeur d'un fait considérable.

C'est dans ce sillage que marchèrent les successeurs immédiats de Boïeldieu. Quelques-uns d'entre eux s'étaient signalés et avaient pris rang dans les années précédentes. Ainsi en avait-il été d'Auber, auteur déjà du *Séjour militaire*, de *la Bergère châtelaine*, de *Leicester*, de *la Neige*, du *Concert à la cour*, de *Léocadie*, et surtout du *Maçon*, le seul de ses ouvrages d'alors qui ait survécu, du moins *in extenso*.

Pour Hérold, l'heure de la haute originalité et du succès retentissant n'avait pas encore sonné ; mais ce musicien de savoir et de tempérament s'était déjà fait au théâtre une belle place, avec *les Rosières, la Clochette* et *le Muletier*. Fétis, avant de contribuer, pour une énorme part, à fonder, en Belgique et en France, l'érudition, la critique et la bibliographie musicales, s'était fait estimer comme compositeur par son ouvrage *l'Amant et le Mari*. On ne saurait omettre non plus Paër, l'un des maîtres de chapelle de Napoléon, qui, au théâtre, avait précisément mis en scène ce *Maître de chapelle*, auteur d'une imaginaire *Cléopâtre*, lequel, aujourd'hui encore, est un des ornements du répertoire.

Citons aussi Carafa, pour son *Solitaire* et son *Valet de chambre*, et Onslow avec son *Alcade de la Vega*. Il convient de mentionner également des compositeurs de moindre envergure, mais qui, dans l'ensemble d'une œuvre plus terne, virent du moins la vogue s'attacher à une production privilégiée : tels Plantade et son *Mari de circonstance*, Dourlen et son *Frère Philippe* sur le sujet traditionnel traité jadis par Boccace et La Fontaine, Kreubé et son *Coq du village*, qu'on jouait encore en 1831.

Il est une remarque sur laquelle il importe ici d'insister tout particulièrement. Après *la Dame blanche*, l'ancien module, dont on avait successivement tiré tant d'épreuves plus ou moins satisfaisantes, paraissait légèrement étriqué. Tous les compositeurs d'un véritable talent sentaient la nécessité de travailler pour un cadre et dans des proportions plus amples. En l'espace de quelques années, cette préoccupation allait se traduire dans les faits : Carafa allait donner son *Masaniello* ; Auber avec *la Fiancée* et *Fra Diavolo* devait prendre une situation supérieure à ce que ses débuts, pourtant heureux, avaient pu faire prévoir; enfin, par *Marie*, *Zampa* et *le Pré aux Clercs*, Hérold était destiné à se placer au premier rang entre les maîtres de l'école française.

II

Nous insisterons tout d'abord, au début de cette deuxième partie de notre récapitulation sommaire, sur les trois noms que nous venons de citer, principalement sur les deux derniers. En ce qui concerne Carafa, on est obligé d'avouer que, par suite d'une orientation trop absolument « rossinienne », il ne s'est point ménagé, pour l'avenir, la place que ses dons très réels, son parfait sentiment musical, sa main très exercée pouvaient lui assurer. Admirateur, avec toute l'exubérance napolitaine, de Rossini, il se réduisit volontairement au rôle de satellite. Tout naturellement, il se perdit dans la chaleur et la lumière de l'astre autour duquel il voulut graviter. C'est ce qui explique que Carafa survécut à son œuvre. Mais il y avait des dons peu communs chez cet Italien naturalisé Français, devenu, dans sa vieillesse, une des figures connues de Paris. Le souffle et la grandeur ne manquent pas à certaines pages de *Masaniello*; pour ne citer qu'un exemple, le duo « Un oiseau qui supporte à peine la lumière » est comparable, peut-être supérieur aux meilleures pages de *la Muette*.

En ce qui regarde Auber, on sait à quel degré il reçut, lui aussi, l'empreinte rossinienne. Mais Auber, cependant, n'alla point jusqu'à se dénationaliser. Français de l'espèce la plus authentique, Parisien de l'essence la plus raffinée, ayant, comme musicien, passé par une discipline sévère, et façonné sa technique dans le commerce des œuvres d'Haydn, il se borna à prendre, chez celui qui alors tournait toutes les têtes, de quoi parer sa musique, et lui prêter l'aspect léger, brillant dont l'on raffolait alors; en réalité, sa manière se différencie profondément de celle de Rossini. Jamais une oreille exercée n'assignerait à l'un de ces maîtres un air écrit par l'autre. Ce n'est, en quelque sorte, ni le même timbre ni le même accent. Sa conception reste originale et l'on pourrait, en un sens, soutenir qu'il est le plus français de nos compositeurs. Wagner a fait, à ce point de vue, un chaleureux éloge de *la Muette* ; cette appréciation s'appliquerait avec tout autant, sinon plus de justesse, à tel ou tel opéra-comique d'Auber, car c'est en ce genre qu'il a pu déployer à loisir cette qualité si française dont il était si largement pourvu : l'esprit.

Il est à remarquer qu'en musique si l'on ne peut refuser aux étrangers, et particulièrement aux Italiens, la verve, la franche gaieté, le sentiment comique et bouffon, ils ne sont pas « spirituels » au sens où nous entendons habituellement ce mot. Or, c'est cet esprit incisif, persifleur, ennemi de l'enflure et de l'excès, fidèle en tout à la mesure, dont nous constatons la présence dans l'œuvre d'Auber. Cet élément même est chez lui si constant et si sensible, qu'on l'a parfois accusé, pour cela, d'être un parfait sceptique, trop enclin à railler les sentiments profonds, et demandant à l'ironie de le préserver de l'émotion.

Cette imputation n'est pas absolument justifiée. Il y a chez Auber du sérieux et du pathétique dans telle scène dramatiquement traitée : ainsi le quatrième acte de *Manon Lescaut* est d'un mouvement scénique très franc et véritablement intense. La note pittoresque n'est point épargnée dans le duetto de femmes d'*Haydée*, non plus que dans les chœurs, qui prêtent un certain éclat décoratif au même ouvrage. N'y a-t-il pas aussi du coloris, bien qu'en une nuance un peu conventionnelle, dans la chanson orientale de ce *Premier Jour de bonheur* qui fut le dernier succès dont s'éclaira cette carrière si prolongée et si fortunée ?

La carrière d'Auber fut longue ; celle d'Hérold fut brève, mais elle lui suffit pour donner, avec ses deux grands ouvrages, la mesure de son rare talent. En se maintenant, intentionnellement, dans les limites d'un art accessible, en évitant tout ce qui pouvait prêter à son œuvre un aspect laborieux, Hérold fit preuve d'un savoir musical étendu, d'une aptitude fortifiée par l'étude patiente et la réflexion aiguisée. Mélodiste original et puissant, il joint à une harmonie constamment ingénieuse une extrême habileté à se servir de l'élément rythmique. Son orchestration a souvent des chatoiements qui révèlent le grand coloriste. Il a presque partout de la chaleur et, par endroits, une sorte de flamme. Ajoutons que, si le livret de *Zampa*, dû à Mélesville, n'est pas exempt de puérilité, celui du *Pré aux Clercs* fait le plus grand honneur à Planard et peut presque être cité comme un modèle du genre.

Parmi les musiciens d'une époque un peu postérieure à celle qui vient de nous occuper, deux personnalités émergent, celles d'Adam et d'Halévy. L'un, tout bien considéré, se rattache plutôt à l'école d'Auber, et l'autre à celle d'Hérold. Les qualités qu'Adam a déployées dans *Giselle* furent rarement celles qu'il mit en œuvre à l'Opéra-Comique. Moins mondain qu'Auber, moins varié aussi, et confiné dans un genre plus étroitement limité, il se montra du moins un artiste instruit et adroit, exempt de prétentions vaines, et s'abandonnant, sans contrainte, au courant de son entrain et de sa bonne humeur. Dans ce qu'il produit on ne sent nulle affectation, nul placage plus ou moins gauche. Il trouve sans difficulté des motifs d'inégale valeur, parfois charmants, et l'auditeur met aussi peu de temps à les retenir que l'auteur en dépensa pour les inventer. En considération de ses indéniables mérites, on peut passer sur ce qu'il offre parfois d'un peu trivial.

Fromental Halévy est un musicien aux visées plus hautes et l'on peut regretter qu'un effort si vaillant, si obstiné, ne lui ait pas assuré, dans la tradition artistique, une place moins contestée. Sa rare qualité d'esprit, sa remarquable culture générale, dont quelques-uns de ses écrits, en excellente prose, portent visiblement la marque, se font sentir aussi dans sa musique où, avec un peu d'attention, on discerne aisément la présence d'une pensée active, toujours en éveil. A l'Opéra, il a laissé, indépendamment de *la Juive*, tout un répertoire peut-être trop promptement abandonné ; à l'Opéra-Comique aussi, le nombre de ses ouvrages n'est pas médiocre. Par *l'Éclair* où l'humour alterne avec l'émotion contenue, on pourrait presque dire qu'il nous donne, en une variante neuve, un spécimen de l'art sobre, aimable, gracieux, de Nicolo, ou de Boïeldieu et d'Hérold avant *la Dame blanche* et *Zampa*. Il fait résonner des notes différentes avec *les Mousquetaires*, d'un tour élégant et romanesque, et la paysannerie sentimentale du *Val d'Andorre*.

Jusqu'aux environs de la révolution de 1848, ces quatre noms, ceux d'Auber et d'Hérold, d'Adam et d'Halévy, furent, sans aucun doute, à l'Opéra-Comique, les plus populaires de tous. Mais, durant la même période, on vit des succès assez prononcés obtenus par quelques compositeurs dont nous devons nous borner à passer une revue rapide.

Dans ce groupe il faut placer Monpou. Compositeur de romances qui obtinrent une véritable vogue, auteur, notamment, de *Gastibelza* « l'homme à la carabine », Monpou donna à l'Opéra-Comique *les Deux Reines*, *Piquillo*, *le Planteur* où il mit des moyens musicaux insuffisamment variés au service de sa conception toute romantique de l'art. Grisar, homme assez à part, qu'on pourrait parfois prendre pour un descendant des Cimarosa et des Paisiello, avait eu, en 1836, avec *Sarah*, un heureux début théâtral, annonçant déjà la main habile d'où devaient partir *Gilles ravisseur*, *les Porcherons*, *Bonsoir monsieur Pantalon* et *le Chien du jardinier*. C'est encore à l'Opéra-Comique que s'essaya, non sans bonheur, en y faisant représenter *la Figurante* et *la Perruche*, Clapisson qui, plus tard, remporta au Théâtre-Lyrique, avec *la Fanchonnette,* son succès le plus franc. Nous rappellerons aussi Bordèse et sa *Mantille*, Montfort avec son *Polichinelle* et sa *Jeunesse de Charles-Quint*. Donizetti ne fit à ce théâtre qu'une apparition unique avec *la Fille du régiment*, mais cette apparition fut éclatante, et, chose singulière, cet ouvrage d'un Italien est peut-être, dans le répertoire, un des plus véritablement français. Indiquons, sans nous arrêter au détail, Girard et ses *Deux Voleurs*, Boulanger et son *Diable à l'école*, puis, plus tard, ses *Sabots de la marquise*, Cadaux et ses *Deux Gentilshommes*, Boisselot, auteur de *Ne touchez pas à la Reine*. Mentionnons aussi deux compositeurs étrangers à qui, d'ailleurs, d'autres scènes furent plus favorables que l'Opéra-Comique, l'Anglais Balfe et l'Allemand Flotow.

Les débuts de M. Ambroise Thomas à l'Opéra-Comique remontent à 1837 ; mais il ne conquit qu'à une date plus récente la place élevée dont il était digne. Bien qu'ouvert aux influences modernes, M. Ambroise Thomas se rapproche des classiques du genre, dont il a su garder prudemment la marque originelle. En négligeant tout ce qui tient à la mode, un ouvrage comme *le Caïd* ne se rattache-t-il point à la série où figurent *le Tableau parlant* et *l'Irato* ? D'autre part, dans une partition comme *le Songe d'une nuit d'été*, tel détail de style peut rappeler à plus d'un égard la ferme manière de Cherubini. Nous aurons lieu d'ailleurs de revenir plus loin sur cette figure artistique que rehaussent la probité intellectuelle et la constante dignité.

Vers le temps où nous sommes arrivé, se produisent d'autres talents nouveaux, ceux de Bazin, de Massé, de Reber. Le dernier semblait, à quelques égards, un contemporain de Grétry, un Français du dix-huitième siècle, ayant passé par Vienne, et reçu les conseils d'Haydn. Avec son apparence un peu arriérée, Reber n'en demeure pas moins une figure séduisante; il a la sérénité des anciens, leur élégance aristocratique, leur allure de bonne compagnie, ainsi que leur dédain pour l'emphase et le galimatias.

Signalons aussi Limnander qui mérite un rang distingué sur la liste assez riche des musiciens belges. D'autre part, si le succès le plus caractérisé de Maillart fut obtenu ailleurs, c'est à l'Opéra-Comique qu'il donna son *Lara*, œuvre colorée, chevaleresque, par endroits véhémente, qui témoigne d'une sensibilité chaleureuse et d'un tempérament robuste. Enfin, il convient de noter les débuts de Poise qui devait, depuis, réussir d'une manière brillante dans le genre, assez malaisé, du pastel musical.

En 1854, grand événement! Meyerbeer délaissant un instant le théâtre où il avait remporté son triple triomphe, abordait la scène des Monsigny et des Dalayrac. Il semblait qu'il demandât à la Muse précisément le contraire de ce que le poète latin sollicite d'elle lorsqu'il lui dit : *Paulo majora!* Mais, en réalité, Meyerbeer, dans *l'Étoile du Nord*, n'avait point rapetissé sa manière. En peignant des tableaux de genre, en traçant des épisodes comme la chanson des deux vivandières et tant d'autres pages de demi-caractère, il avait, en somme, employé la même plume qui lui avait servi à écrire dans *le Prophète* tout le piquant début du tableau du cabaret de Leyde, ou l'ingénieux trio bouffe du troisième acte. A d'autres endroits, et notamment dans le finale du second acte, d'une architecture si compliquée, Meyerbeer avait déployé, autant que dans son répertoire de l'Opéra, son goût pour la polyphonie et les artifices contrapontiques. Jamais en un tel lieu ne s'était dressé pareil échafaudage de sonorités étagées les unes sur les autres.

Cet ouvrage, quoiqu'il rompît très sensiblement avec les conditions d'ordinaire acceptées, et peut-être à cause de cela même, fut chaleureusement accueilli; il s'est prêté, depuis, à de fructueuses reprises. Sans prendre possession de l'Opéra-Comique au même degré qu'il avait conquis l'Opéra, Meyerbeer, cependant, s'y établit fortement. Il y devait donner plus tard *le Pardon de Ploërmel*, une de ses œuvres les plus curieuses, où, à la puissance dramatique et à l'art de peindre les caractères, il joint un large et profond sentiment de la nature.

Il n'avait pas fallu moins qu'une attraction de premier ordre, telle que *l'Étoile du Nord*, pour permettre à l'Opéra-Comique de soutenir la concurrence redoutable du Théâtre-Lyrique qui, pendant quelques années, par des œuvres nouvelles, par des emprunts au vieux répertoire français, par des traductions heureusement choisies, s'acquit la faveur des connaisseurs, en déployant une activité très soutenue et très intelligemment appliquée. C'était, à quelques égards, un véritable Opéra-Comique rival où se trouvèrent représentés pour la première fois, dans d'excellentes conditions artistiques, quelques-uns des spécimens les plus accomplis d'un genre si fidèlement affectionné par le public. Pour ne citer qu'un exemple, il est assez plaisant que ce soit ailleurs qu'à l'Opéra-Comique qu'ait paru pour la première fois une œuvre comme les *Dragons de Villars*, réalisation en quelque sorte complète, achevée, de l'opéra-comique lui-même.

Nous avons tout à l'heure insisté quelque peu sur l'entrée, à peine disputée, en somme éclatante et victorieuse, que Meyerbeer avait faite à l'Opéra-Comique. Mais l'on doit observer que, sur ce théâtre, il n'eut guère alors d'imitateurs. Quant aux compositeurs demeurés fidèles à l'ancien et aimable modèle qui avait été consacré par tant d'expériences heureuses, nous ne pouvons, on le comprendra sans peine, les énumérer tous. C'est parmi eux qu'il conviendrait de placer Gautier et son *Mariage extravagant*, Duprato, musicien doué d'un sentiment très vif et très fin, pourvu en outre d'études fort solides, et qui, par *la Déesse et le Berger*, par *les Trovatelles*, sut plaire au grand public. D'autre part, le maître original auquel on avait dû *le Désert* et *Christophe Colomb*, donna, avec sa *Lalla-Roukh*, sur un sujet tiré du poème de Moore, un ouvrage charmant de tout point, sobrement coloré, empreint de rêverie tendre, où se révélait une fois de plus sa délicate et flexible imagination. Nous parlions plus haut d'un musicien belge, Limnander; un de ses compatriotes, M. Gevaert, qui, plus tard, devait prendre dans l'érudition une place éminente et déployer un sentiment historique sûr et pénétrant, mérita par son *Quentin Durward* et son *Capitaine Henriot* un rang parmi les véritables musiciens dramatiques. Nous n'avons pu, précédemment, que nommer Bazin, dont *le Voyage en Chine*, écrit sur un scénario tout à fait amusant de Labiche, obtint un succès de vogue, et Victor Massé dont les débuts avaient été marqués par la franche réussite de *la Chanteuse voilée*; musicien élégant, gracieux, spirituel, personnel même à certains égards, Victor Massé a conquis à l'Opéra-Comique une place enviable grâce à *Galathée* et surtout aux *Noces de Jeannette*, l'*unique* pièce, dans le répertoire de ce théâtre, qui n'ait jamais quitté l'affiche.

Nous avons déjà déterminé la physionomie artistique de M. Ambroise Thomas, mais un ouvrage tel que *Mignon*, arrivé, plus rapidement qu'aucune autre œuvre au chiffre extraordinaire de représentations inscrit dans notre tableau, mérite de notre part une mention particulière. Gœthe a décidément porté bonheur aux auteurs du poème, dignes émules de tant d'habiles librettistes que nous nous excusons de n'avoir pu encore citer : les Saint-Georges, les Leuven, les Beauplan, les Th. Sauvage, les Lockroy, les Cormon, les d'Ennery. Dans le livret de *Faust* qui, pareillement leur est dû, Michel Carré et M. Jules Barbier avaient concentré leur effort sur la partie du poème que les critiques allemands désignent sous le nom de *la Tra-*

gédie de Marguerite. Ils agirent un peu de la même façon à l'égard de *Wilhelm Meister.* Au récit, chargé de parenthèses et d'épisodes, riche en intentions philosophiques, d'ailleurs si abondant en aventures et en personnages, que Schiller en restait déconcerté, ils empruntèrent la poétique figure de Mignon ; ils en tirèrent aussi Philine et Wilhelm, mais réduits au caractère et à la fonction de ténor sentimental et de soprano léger; de plus, le vieux harpiste et des silhouettes accessoires ; ils couronnèrent la fable par ce qu'on appelle un dénouement heureux. De jolis épisodes vinrent égayer çà et là cette donnée pathétique. En résumé, l'œuvre offrait un exemplaire excellent d'une des formes les plus aimées de l'Opéra-Comique. Ce livret attachant inspira au compositeur une partition pleine de charme, où la partie qu'on pourrait appeler anecdotique et pittoresque n'est pas exécutée avec moins de relief que la partie sentimentale, et dont le succès persistant a, dans l'histoire de l'Opéra-Comique contemporain, une importance très significative.

Nous avons cité plus haut le titre de la dernière pièce applaudie d'Auber, *le Premier Jour de bonheur.* Une œuvre musicale où il y a encore de la sève et de l'attrait, et qui émane d'un compositeur octogénaire, c'est là un cas tout exceptionnel, peut-être unique, et cela fut pour quelque chose, sans aucune doute, dans la faveur qu'obtint cette production du maître.

Nous ne voulons pas abuser des énumérations. On nous excusera donc de ne point nommer, dans cette revue expéditive, tel ou tel musicien qui a pu, comme dit le vers proverbe, « briller au second rang ». Mais nous nous arrêterons un instant à Offenbach qui, plus tard, par ses *Contes d'Hoffmann*, devait acquérir pleinement le droit de cité à l'Opéra-Comique et qui, précédemment, s'était déjà introduit à ce théâtre, avec des œuvres de moindre importance.

Il est un nom, considérable dans l'histoire musicale, et que, sans doute, on aura été surpris de ne point rencontrer jusqu'ici sous notre plume, celui de Gounod ; avant 1870, c'est seulement avec un ouvrage, fort gracieux sans doute, mais exigu, *la Colombe*, qu'il avait pénétré à la salle Favart, que depuis il devait occuper d'une manière si brillamment signalée.

Ce qui, en grande partie par Gounod, allait ainsi s'emparer de l'Opéra-Comique, c'était, en quelque sorte, le Théâtre-Lyrique lui-même. Les événements de la guerre et de la Commune avaient brutalement interrompu les destinées de cette scène. Le théâtre de la salle Favart fut son héritier; il recueillit tout naturellement ce qui s'était produit là de plus intéressant, et non seulement les opéras-comiques proprement dits, mais aussi, et surtout, les œuvres dont le caractère plus sérieux et plus lyrique se trouvait, dans une certaine mesure, en harmonie avec le tour d'esprit, un peu assombri, qu'avait momentanément engendré la guerre. Cette prise de possession, par l'Opéra-Comique, d'une partie de la succession du Théâtre-Lyrique, rappelait, après trois quarts de siècle, ce qui s'était produit lors de la fusion des deux troupes de Favart et de Feydeau.

Nous serons, on en comprendra facilement les raisons, très bref sur ce qui s'est passé à l'Opéra-Comique depuis 1870. L'esprit humain étant, de sa nature, fort oublieux, il peut être utile de rappeler à grands traits un passé, même assez récent; mais à quoi bon insister sur ce qui, somme toute, est encore le présent?

A côté des musiciens dont nous avons eu à nous occuper spécialement jusqu'ici, il faut désormais ménager une place importante à Gounod pour *Mireille, Philémon, le Médecin malgré lui*, pour *Roméo*, si chaleureusement reçu, et qui d'ailleurs, après cette seconde étape, devait aller se fixer définitivement sur une troisième scène. On doit, de plus, indiquer des noms que nous n'avons pas eu à relever encore, et surtout celui de Bizet qui, avec *Djamileh*, œuvre d'un art raffiné, n'obtint le suffrage que des connaisseurs, c'est-à-dire du petit nombre, mais qui, par sa *Carmen*, s'égala aux maîtres acceptés et acclamés par tous.

L'Opéra-Comique fut désormais une maison ouverte pour Guiraud et Léo Delibes, pour MM. Paladilhe, Reyer et Saint-Saëns. Le rôle brillant de M. Massenet, à ce théâtre, est présent à toutes les mémoires. C'est encore à l'Opéra-Comique que Lalo devait obtenir la consécration tardive de son noble effort artistique. Nommons aussi MM. Joncières, Th. Dubois, Widor, Pessard, Maréchal, Lacome, enfin quatre compositeurs qui, originairement, appartiennent au groupe si distingué de la Société nationale : MM. V. d'Indy, Chabrier, Messager et Bruneau. En même temps que ces récentes générations de musiciens, se sont fait connaître, comme librettistes, MM. Meilhac, Lud. Halévy, Nuitter, L. Gallet, Gondinet, Ph. Gille, Ed. et A. Blau, Milliet, etc.

De grands et mémorables succès ont ainsi, depuis l'année terrible, été remportés sur cette scène où tant de réputations s'étaient antérieurement formées et accrues. Aux côtés des artistes français, l'Opéra-Comique, dans le même espace de temps, a accordé une place à des pièces étrangères. Verdi avec sa *Traviata*, une de ses partitions où il y a le plus de souffle, Rossini avec son *Barbier* demeuré si juvénile, se sont acclimatés auprès de nos nationaux. Enfin le Musée, en s'appropriant *les Noces* et *la Flûte enchantée*, s'est enrichi de deux œuvres qui, si toute musique n'est pas périssable, ne doivent pas plus dépendre des caprices de la mode que n'y peuvent être soumises les peintures de Léonard, de Raphaël et du Corrège.

Il nous est agréable, en terminant, de reposer nos yeux sur ces ouvrages durables, alors que le tableau qui suit immédiatement ces lignes présente aux regards tant de productions éphémères.

Mars 1894.

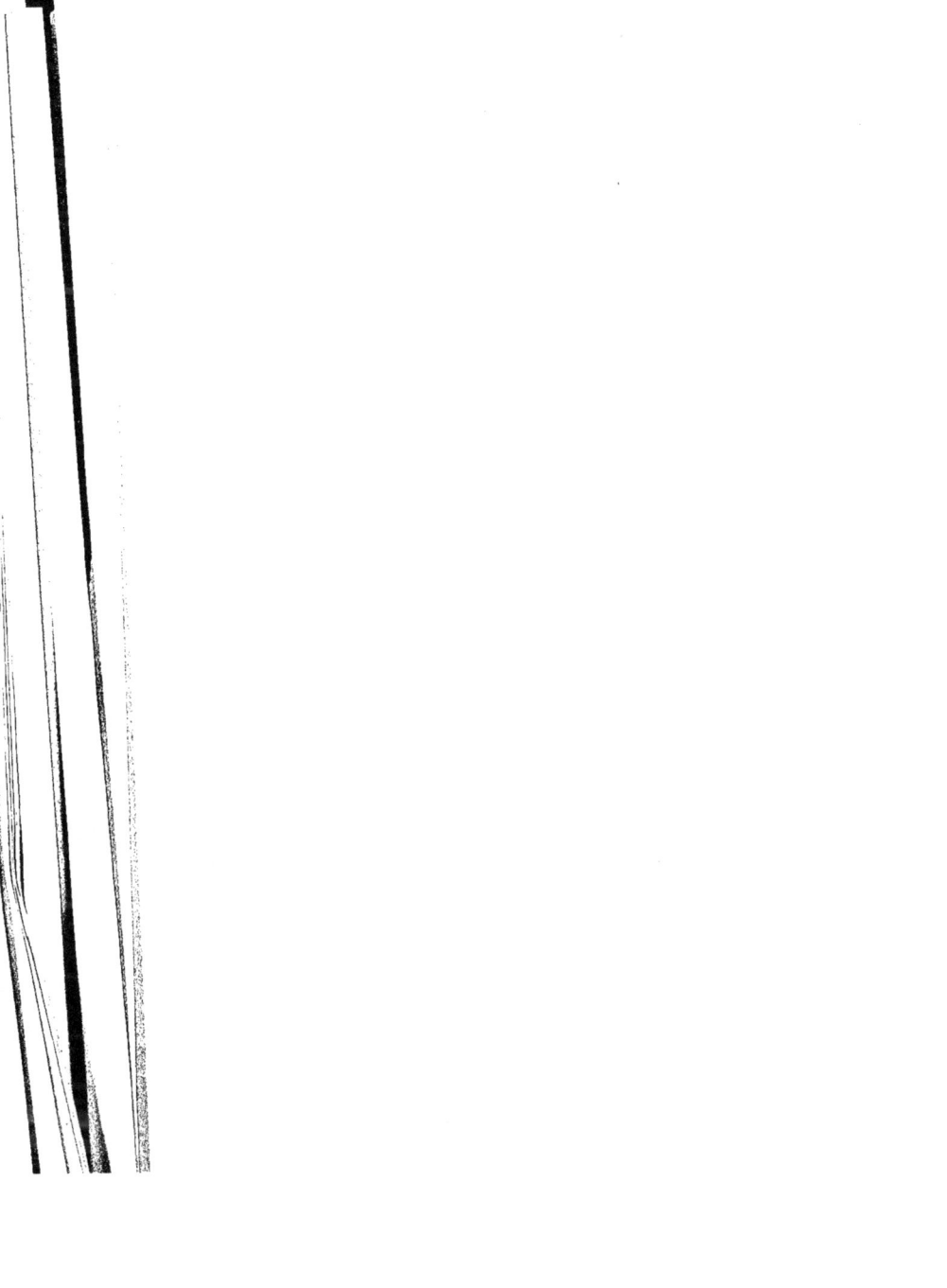

ALBERT SOUBIES

SOIXANTE-NEUF ANS A L'OPÉRA-COMIQUE

DEUX PAGES

TABLEAU DES PIÈCES REPRÉSENTÉES A L'OPÉRA-COMIQUE DU 1ᵉʳ JANVIER 1825 AU 31 OCTOBRE 1893

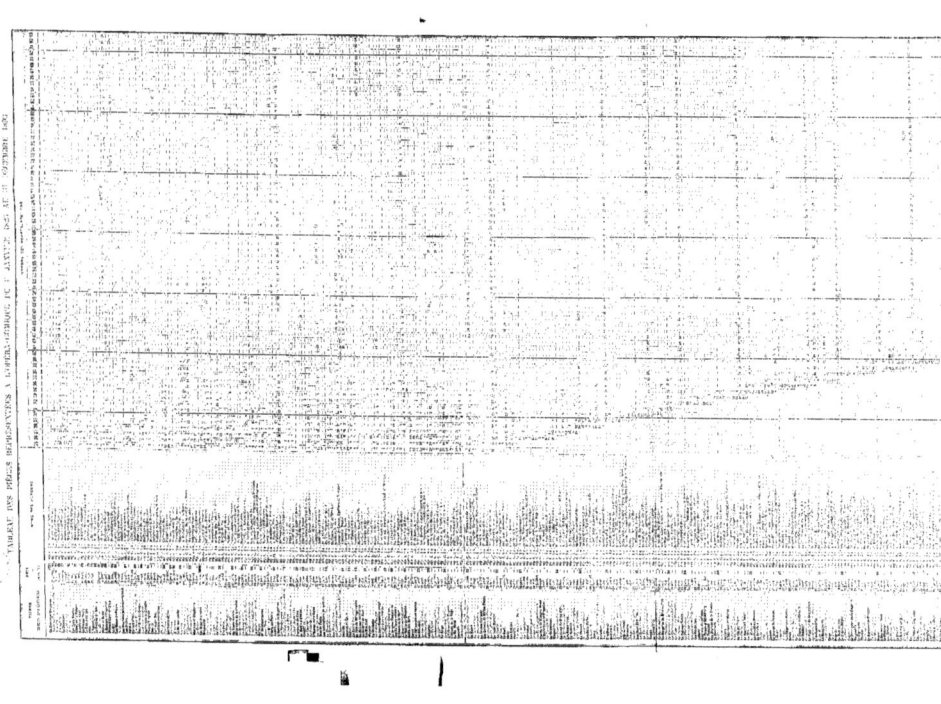

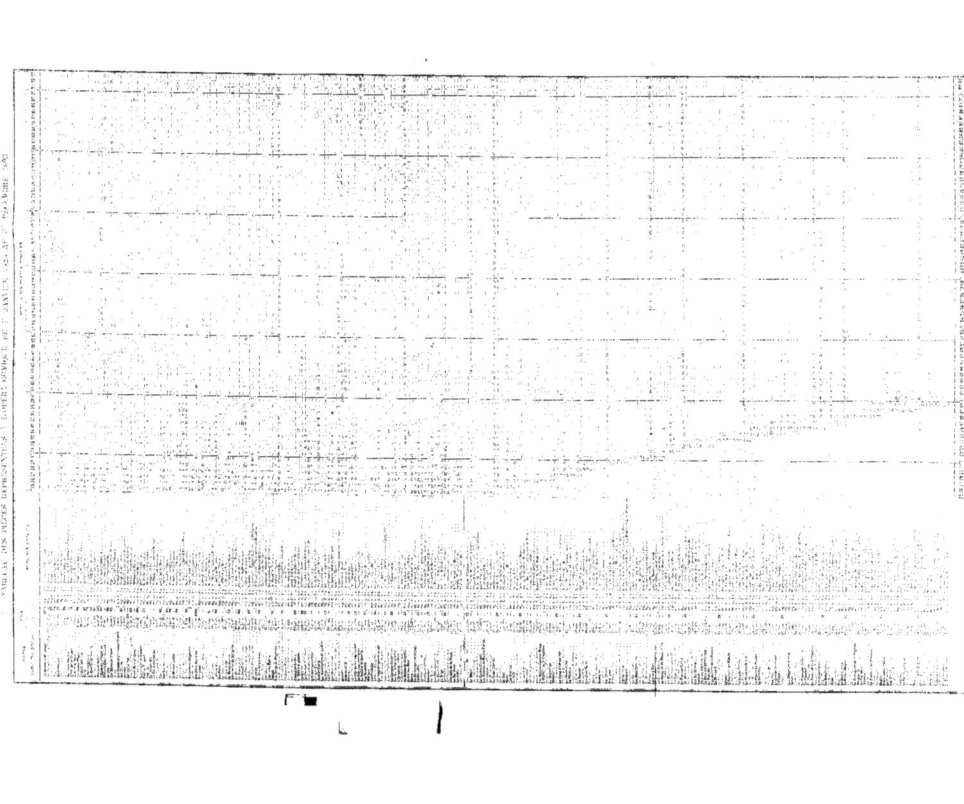

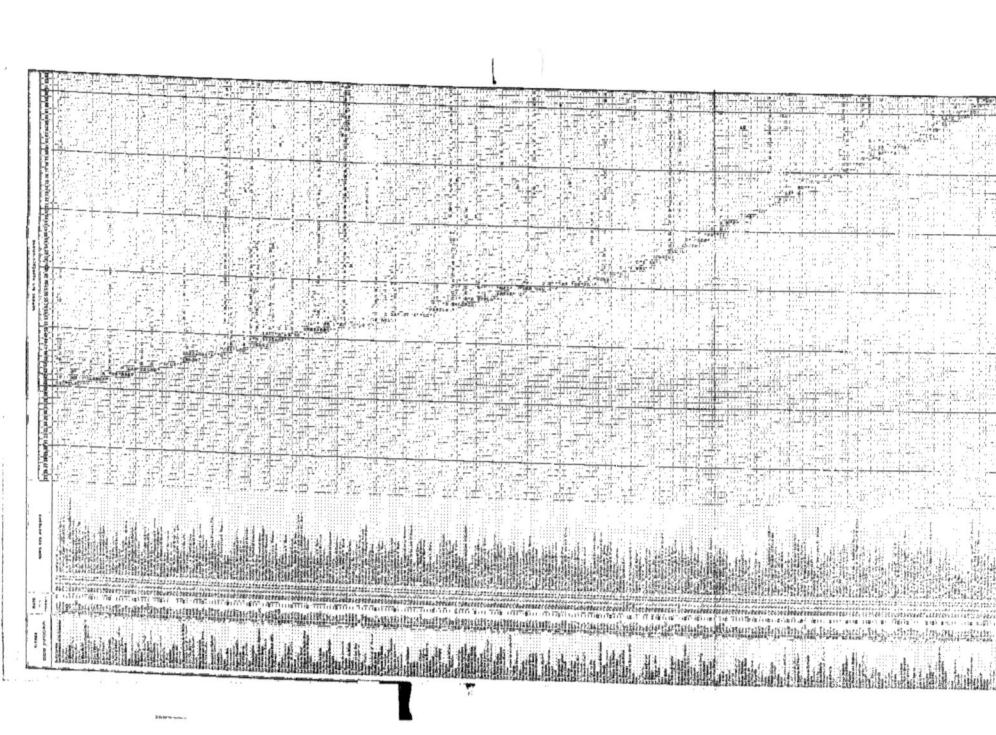

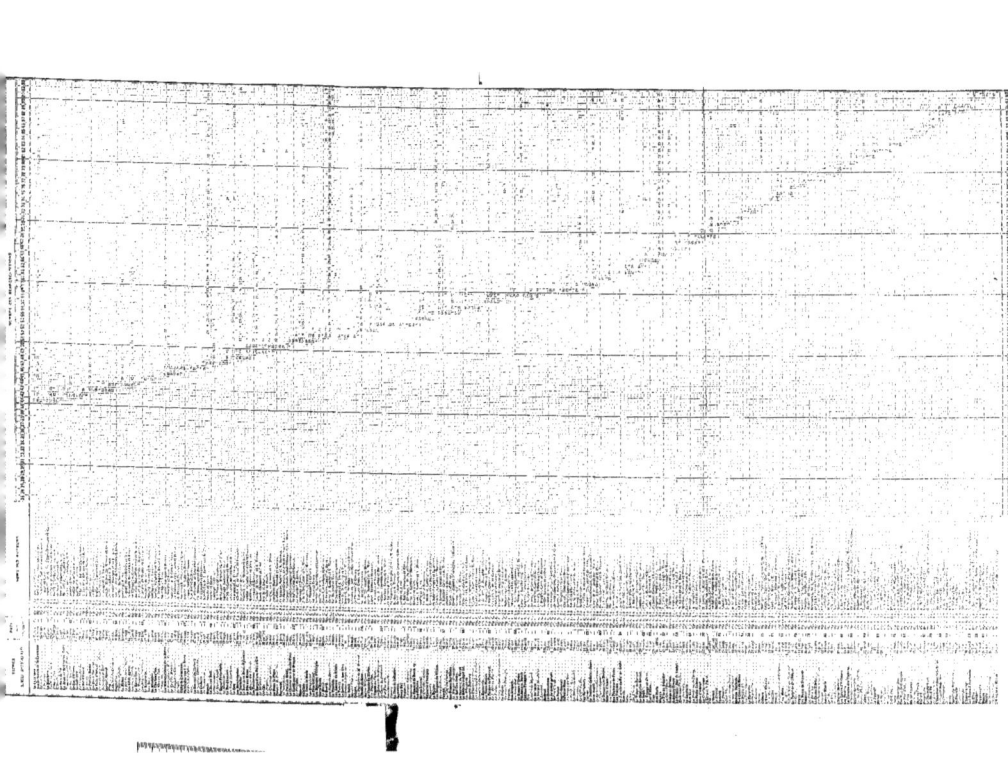

OUVRAGES DU MÊME AUTEUR

Précis de l'Histoire de la Musique Russe. Un volume petit in-12,
à la librairie Fischbacher . . . . 2 »
Une première par jour (causeries sur le théâtre). Un volume in-18 jésus,
à la librairie Flammarion, couronné par l'Académie française. 3 50
Soixante-sept ans a l'Opéra en une page (du *Siège de Corinthe* à *la Walkyrie*).
Un volume in-4°, à la librairie Fischbacher . . . . 5 »
Almanach des Spectacles, publication couronnée par l'Académie française.
22 volumes petit in-12, à la librairie Flammarion, avec eaux-fortes
de Gaucherel et Lalauze . . . . 110 »

    Première série (1874 à 1891), tomes I à XX. Il n'existe plus de
collection complète. Le volume. . . . . 5 »

    Les tomes XIX et XX *(Répertoire général* et *le Théâtre en France
de 1871 à 1892)* ont été tirés à part, et se vendent seuls, ornés de
huit eaux-fortes . . . . 10 »

    Deuxième série (1892 et 1893). Le volume . . . . 5 »
Deux Bilans musicaux. Brochure in-8°, à la librairie Dupret . . . Épuisé.

EN COLLABORATION AVEC CHARLES MALHERBE

Histoire de l'Opéra-Comique (la seconde salle Favart, 1840-1887). Deux
volumes in-12, à la librairie Flammarion, avec gravures . . 7 »
Mélanges sur Richard Wagner. Un volume in-12, à la librairie Fischbacher,
avec une gravure 3 50
L'Œuvre dramatique de Richard Wagner. Un volume in-12, à la librairie
Fischbacher . . . . Épuisé.
Précis de l'Histoire de l'Opéra-Comique. Un volume petit in-12, à la librairie
Dupret . . . . Épuisé.

www.ingramcontent.com/pod-product-compliance
Lightning Source LLC
Chambersburg PA
CBHW070708050426
42451CB00008B/546